Mi vida después de la

pérdida de un hermano

escrito por **Mari Schuh**

arte por **Alice Larsson**

ILLUSTRATED

Publicado por Amicus Learning, un sello de Amicus
P.O. Box 227, Mankato, MN 56002
www.amicuspublishing.us

Editora: Rebecca Glaser
Diseñador de la serie: Kathleen Petelinsek
Diseñador de libro: Lori Bye

Library of Congress Cataloging-in-Publication Data
Names: Schuh, Mari C., 1975– author. | Larsson, Alice, illustrator.
Title: Mi vida después de la pérdida de un hermano / by Mari Schuh ; illustrated by Alice Larsson.
Other titles: My life with losing a sibling. Spanish
Description: Mankato, MN : Amicus Learning, an imprint of Amicus, 2024. | Series: Mi vida con... | Includes bibliographical
references and index. | Audience: Ages 6–9 | Audience: Grades 2–3 | Summary: "Meet Peyton! She likes art and science. She also lost
her brother to cancer. Peyton is real and so are her experiences with death and grief. Learn about her life in Spanish translation for
elementary students"—Provided by publisher.
Identifiers: LCCN 2023016876 (print) | LCCN 2023016877 (ebook) | ISBN 9781645498100 (library binding) |
ISBN 9781681529998 (paperback) | ISBN 9781645498148 (pdf)
Subjects: LCSH: Grief in children—Juvenile literature. | Siblings—Death—Juvenile literature. | Bereavement in children—Juvenile
literature. | Loss (Psychology) in children—Juvenile literature.
Classification: LCC BF723.G75 S3418 2024 (print) | LCC BF723.G75 (ebook)
| DDC 155.9/37083--dc23/eng/20230502
LC record available at https://lccn.loc.gov/2023016876
LC ebook record available at https://lccn.loc.gov/2023016877

Impreso en China

Acerca de la autora

El amor de Mari Schuh por la lectura comenzó con las cajas de cereal en la mesa de la cocina. Actualmente, es autora de cientos de libros de no ficción para lectores principiantes. Con cada libro, Mari espera ayudar a los niños a aprender un poco más sobre el mundo que los rodea. Encuentra más información sobre ella en marischuh.com.

Acerca de la ilustradora

Alice Larsson es una ilustradora originaria de Suecia que vive en Londres. Creativa por naturaleza, le emociona poder conectar los personajes con las historias a través de su trabajo. Aparte de dibujar, a Alice le encanta pasar tiempo con su familia y amigos, además de leer libros y viajar, ya que así desata su creatividad.

¡Hola! Soy Peyton. Me gusta leer, hacer cosas artísticas y jugar con maquillaje. También me gusta la ciencia. Mi hermano era bueno en matemáticas. Murió de cáncer. Lo extraño mucho. Déjame contarte sobre mi hermano y yo.

Mi hermano se llamaba Carter.
Era dos años más grande que
yo. Era mi único hermano.
Carter y yo jugábamos juntos.
A menudo me contaba chistes.
Le gustaba hacerme reír.

Cuando Carter tenía 7 años de edad, le empezó a doler la espalda. El Día de la Independencia no pudo sentarse a ver los fuegos artificiales. La espalda le dolía demasiado. Tuvo que acostarse sobre una cobija.

Mamá y papá llevaron a Carter a muchos doctores para descubrir por qué sentía dolor. Los doctores le tomaron radiografías. Le hicieron pruebas de sangre. Los médicos nos dijeron que Carter tenía cáncer. Era un tipo raro de cáncer que afectaba sus tejidos blandos, incluidos sus músculos.

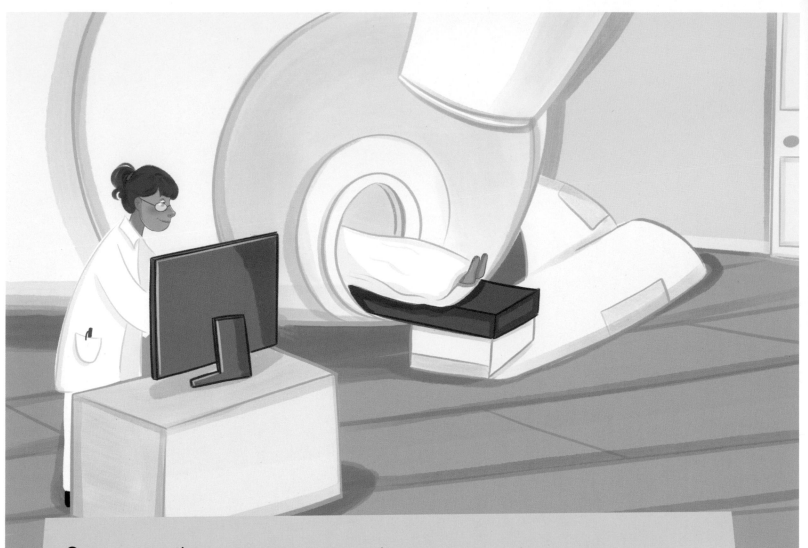

Carter recibió quimioterapia durante más de un año para
eliminar el cáncer. También recibió radiaciones. Mamá y papá
se turnaban para llevar a Carter al hospital. El tratamiento
afectaba su cuerpo. Perdió su cabello. También cuando
llegaba a casa, no se sentía bien.

En casa, yo me sentía sola y preocupada. Pensaba que si hubiera sido más buena con Carter, tal vez no se habría enfermado. Mamá y papá me dijeron que el cáncer nunca es por culpa de alguien. Dijeron que el cáncer lo causan cambios dentro de las células de una persona.

A veces, Carter pasaba muchos días en el hospital. Yo lo visitaba después de la escuela. Jugábamos cartas en su cama. En la sala de juegos, hacíamos manualidades. ¡También tratamos de hacer slime!

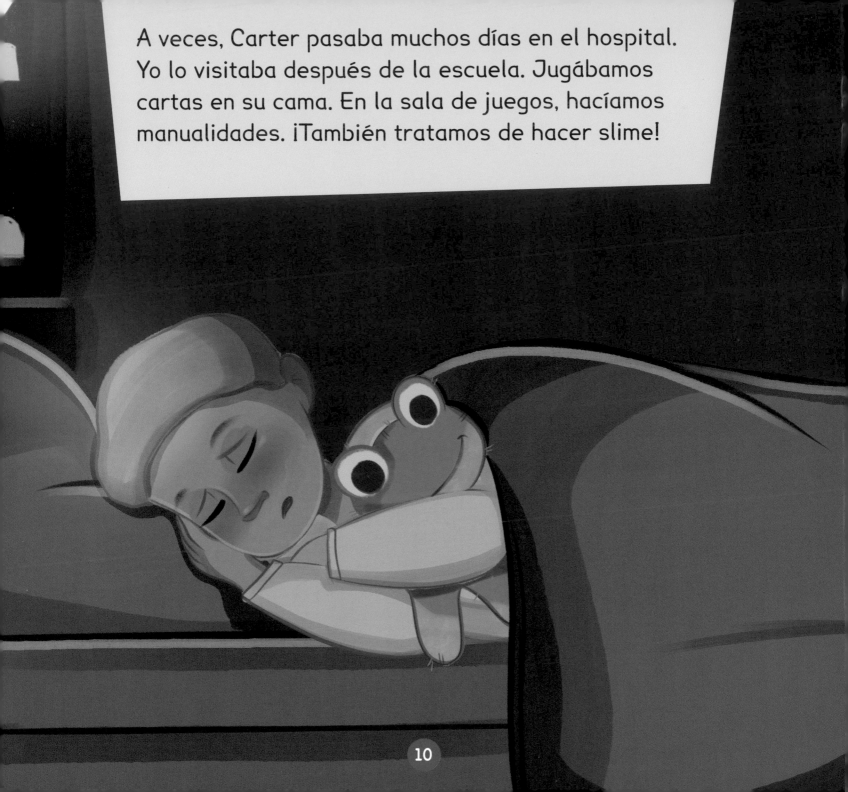

Finalmente, el cáncer de Carter desapareció. Pero pronto regresó. Los doctores nos dijeron que ya no podían hacerlo desaparecer otra vez. Carter escribió una lista de deseos. Anotó cosas divertidas que quería hacer antes de morir. Mucha gente ayudó a Carter a hacer muchas cosas de su lista.

Fue una época muy dura. Yo sentía muchas emociones. Tenía miedo de que Carter muriera. Pero también sentía que mucha gente se olvidaba de mí. Parecía que siempre estaban pensando en Carter y no en mí.

Después de unos meses, Carter se puso muy enfermo. Tenía dolor y dormía mucho. Mamá, papá y yo estábamos con Carter cuando murió en casa. Extrañamos a Carter todo el tiempo. Nuestra perrita también lo extraña. Una noche, nuestra perrita se sentó en la cama de Carter y no se quería bajar.

A veces me siento muy triste. Lloro. Quiero que Carter esté aquí. Otras veces me siento bien. Sé que ahora Carter ya no siente dolor. Le digo cómo me siento a una terapeuta. Ella me ayuda con mi duelo. Aprendí que es normal sentir muchas emociones. También aprendí que el duelo cambia, pero nunca se va realmente.

Nuestra familia recuerda a Carter de muchas maneras. Para su cumpleaños, recolectamos juegos de cartas entre nuestro familia y amigos, y los donamos al hospital. Mi entrenador de fútbol hizo camisetas con el nombre de Carter en la espalda.

La gente y los grupos caritativos me dan regalos
para ayudar a que me sienta mejor. Una amiga me
dio un muñeco que se parece a Carter. Es divertido
recibir una sorpresa por correo. Entonces, siento
que la gente me presta atención. Están pensando en
mí y en Carter.

A veces uso el pijama de Carter. Cuando lo uso, me siento mejor. Mi perrita también me ayuda a sentirme mejor. Recuerdo cuánto la amaba Carter. Me recuerda a Carter y eso me hace sentir feliz. Pero todavía me siento triste a menudo. Amaba tanto a mi hermano. Siempre lo extrañaré.

Conoce a Peyton

Hola, soy Peyton. Vivo en Texas con mi mamá y mi papá. Tenemos una perrita que se llama Penny. Me encanta leer, jugar al fútbol y explorar la naturaleza. También me gusta arreglar mi cabello, mis uñas y maquillarme. Disfruto ayudar a las personas y llegar a conocerlas. Trato de ser buena amiga al apoyar a mis amigos. Me gustan los macarrones con queso, como le gustaban a mi hermano. Cuando sea grande, quiero ser científica.

Respetar a las personas que han perdido un hermano

Tal vez te sientas triste o incómodo cuando estás con alguien que ha perdido un hermano o una hermana. No dejes que eso te impida visitarlo. Necesita a sus amigos durante este período difícil.

Menciona el nombre de su ser querido. Quienes han perdido hermanos se sienten mejor al saber que otras personas los recuerdan.

No hagas chistes sobre la muerte o sobre morir. Estos chistes no son graciosos para las personas cuyo hermano ha muerto.

Escucha con atención. Trata de no hacerle demasiadas preguntas a la persona. En lugar de ello, deja que te comparta sus pensamientos y recuerdos, si así lo desea.

Si conocías al hermano o hermana de esa persona, comparte historias sobre él o ella. A la gente generalmente le gusta oír historias y recuerdos de sus hermanos.

No hay un plazo o fecha límite para poner fin al duelo. El duelo cambia conforme pasa el tiempo. Tal vez nunca se vaya. Recuerda esto cuando estés con tu amigo. Sé paciente y respetuoso.

Palabras útiles

cáncer Enfermedad que consiste en células anormales que no dejan de crecer. Carter tenía un tipo raro de cáncer llamado rabdomiosarcoma alveolar.

duelo La tristeza profunda que la gente siente después de que alguien querido muere.

emociones Sentimientos fuertes como el amor, la tristeza, el miedo y la felicidad.

quimioterapia El uso de químicos para eliminar las células cancerosas de las personas con cáncer.

radiación Un tratamiento médico que usa partículas u ondas de alta energía como los rayos X para eliminar las células cancerosas.

terapeuta Una persona capacitada para ayudar a las personas con afecciones, trastornos y enfermedades a aprender nuevas habilidades.